16	3	2	13
5	10	11	8
9	6	7	12
4	15	14	1

Petrobras Cultural

Fabio Weintraub

TREME AINDA

editora 34

EDITORA 34

Editora 34 Ltda.
Rua Hungria, 592 Jardim Europa CEP 01455-000
São Paulo - SP Brasil Tel/Fax (11) 3811-6777 www.editora34.com.br

Copyright © Editora 34 Ltda., 2015
Treme ainda © Fabio Weintraub, 2015

Livro patrocinado pelo Programa Petrobras Cultural.

A FOTOCÓPIA DE QUALQUER FOLHA DESTE LIVRO É ILEGAL E CONFIGURA UMA
APROPRIAÇÃO INDEVIDA DOS DIREITOS INTELECTUAIS E PATRIMONIAIS DO AUTOR.

Imagem da capa:
*Adrien Tournachon e Duchenne de Boulogne, Dor, 1854/62,
fotografia (detalhe)* © *Archive Farms Inc./Alamy*

Capa, projeto gráfico e editoração eletrônica:
Bracher & Malta Produção Gráfica

Revisão:
Alberto Martins, Ção Rodrigues

1ª Edição - 2015

CIP - Brasil. Catalogação-na-Fonte
(Sindicato Nacional dos Editores de Livros, RJ, Brasil)

	Weintraub, Fabio, 1967
W149t	Treme ainda / Fabio Weintraub —
	São Paulo: Editora 34, 2015 (1ª Edição).
	96 p. (Poesia)
	ISBN 978-85-7326-603-0
	1. Poesia brasileira. I. Título. II. Série.
	CDD - B869.1

TREME AINDA

*mais uma vez
para antonio,
pela vibração e pela firmeza*

*é preferível que a febre
venha depois da convulsão
do que a convulsão depois da febre*

[...]

*na letargia
o tremor é mau sinal*

                hipócrates, *aforismos*

ESTILO

I

a maneira pela qual
você faz
uma coisa
é a maneira
pela qual
faz todas as coisas

você lava o carro
do mesmo jeito que
corta o cabelo
anda a cavalo
cria seus filhos

depois dos filhos
todo o resto
fica (muito) fácil

II

é como pescar
ou caçar passarinhos

você cava um buraco
na parede
e espera
que alguém
ou alguma coisa
cave de volta
em sua direção

III

como faço
para ter uma voz
assim grave?

grito com a cara no travesseiro
grito com meus filhos

DE VOLTA

dez anos para adestrar a garganta
abrir as caixas de ressonância
atingir os agudos
dominar o papel

e mais dez de posse plena
o corpo em latência zero

depois vêm os deslizes
cada vez mais frequentes
a consciência do esforço
cada vez mais intenso
e a dor ante a brevidade
de tão árdua conquista

a natureza te traz de volta

PÚBLICO

não é melhor que ninguém
para esperar sentada
pense que será a última

não dá pra esperar?
chegamos agora mesmo
faz horas que estão aí

passe na frente dos outros
finja algum mal-estar
aproveite
é sua despedida dos palcos

agora limpe a boca
mais embaixo

já pedi a conta
vai esperar, sim
eles não são mágicos

QUIETINHO

fica quietinho, fica
não posso andar
nem ver tevê
nem responder a você
que é a coisa mais linda

não escreve agora
depois você escreve
quero fazer xixi

ontem alguém ligou
deixou ações em meu nome
não anotei o número
pensei que fosse trote

cumprimento todo mundo
mas não conheço ninguém
é bom não conhecer ninguém

fica quietinho, amo você

HOTEL

voltei depois de quinze anos
queria rever meus pais
assentar praça
arrumar marido

arrumei um diretor
que afaguei por uma década
e ele saiu à francesa
(por um triz não meti uma bala na cabeça)

já tentei me proteger:
num colar levava
os ossos do meu avô
e um diamante no dente
(o colar acabei dando, o dente
no hospital me roubaram)

nasci girino:
operado antes de um ano
deprimido aos cinco
dopado aos doze

por ser gago e bicha
sempre me humilharam
tia rana me protegia
morreu cedo porque me amava

não posso comer em público
mastigo como quem caga
a conta vai pra mamãe

barriga de mãe
é o hotel mais caro do mundo

MÃOS

depois as mãos
nessas circunstâncias
minhas mãos tremem

falo com a autoridade
de quem tudo perdeu:
a esperança não me avilta

não sei se respondi à sua pergunta
de todo modo agradeço
o aplauso dos que não me ouviram

HIBISCO

na rua a flor amassada
parece um naco de carne
que os cachorros desprezam

confusão de vermelhos
raiados de branco
qual paz ou gordura
fechando o canal

um naco de carne
impróprio a vaso ou canteiro
despojo que as pombas não bicam
e a chuva não apodrece

ASSENTO

afogada na resina
do assento sanitário
sobre o dejeto flutuante
(castanho peixe
entre algas de papel higiênico)
a borboleta azul não adeja
conquanto encubra a visão
do barro que se despede
(lama de nossa lama
nós mesmos sem sopro)
contra qualquer hipótese
de asa ou metamorfose

A SEGUNDA VEZ

lava os pés na água escura
que corre pelo meio-fio
o homem que até ontem
sorria com todos os dentes
mesmo dormindo ao relento

não entrará nesse rio
uma segunda vez
até porque
segunda vez não há
nem rio existe
somente essa água suja
que lambe o meio-fio
com restos de óleo e comida

PÉS

no espelho os pés refletidos
são de meu pai
que já não caminha

ou talvez caminhe
sobre chão mais liso
em constante fuga
num país sem ruas

de hospitais e escolas
salta a janela, se evade
esquivo à cura
refratário à lição

simplesmente não suporta
o cinema de outras vidas
a reprise dos erros
auditados sem pressa
nas alturas mais frias

no tribunal se apresenta
com rosto sujo de cama
ante o juiz logo inflama
sua garganta de gás

busca então a minha sombra
clama por abrigo
pousa sobre a minha
a sua mão
acende o cigarro
e alisa a barba
que não cresce mais

SESSENTA E SEIS

no chão, um par de seis
quase conjura a besta
quase supura a chaga
quase fende a tempestade

um par de seis no cimento
(sessenta e nove talvez)
como marcas para os pés
nos diagramas de dança

vão os números sem brilho
exorcizando o tropeço

quem olha, desvia
pula amarelinha
(céu, inferno)
batalha naval
de invisíveis tiros
e água certa

O CÉU QUE NOS PROTEGE

tira o penhoar e vem arrastar
os pés fora do quarto
parou de chover há pouco
o céu é sujo nas poças

a vizinha de andador
te aguarda no meio da quadra

com bico de papagaio
eternamente curvada
ela só sabe do céu
por caridade das poças

amanhã não caminharemos
fará frio ou calor
e fecharão a calçada
(da varanda contígua
alguém terá se atirado)

mas hoje é nosso o passeio
seguimos no arrasta-pés
lentos, desincorporados
entre estilhaços de céu

TREME AINDA

ele está tremendo
(deus o abençoe)
torceu os dedos
rangeu os dentes
continua a tremer

talvez tenha fome
talvez esteja excitado

não é sempre que a gente se livra
que se livram da gente
deus me livre nascer
com um pescoço daqueles

então jogaram água
quebraram as coisas do cara
naquele trecho do viaduto
onde a fumaça é mais grossa

treme um pouco mais
depois para

CAIXA-PRETA

com quase todos aqui
acontece desse jeito:
aviões sem caixa-preta
despencados em silêncio

EMERGÊNCIAS

caso esteja consciente
a vítima precisa querer o socorro
precisa querer o resgate

precisa querer a tala
o colar cervical
o monitoramento dos sinais
do segundo coração

a vítima precisa decidir
se agoniza ou desencarna
já na reta de chegada
no pódio da despedida

por isso vou logo avisando:
as emergências são muitas
os recursos, escassos
fatal o desperdício

a vítima precisa querer

ALTERNADAMENTE

vem cambaleando
com cara de poucos amigos
quando
antes que o farol abra
estanca no meio da faixa
olha para os motoristas
e aperta os seios alternadamente

depois ajeita a peruca
palita os dentes e segue

pela avenida ampliada

EMBAIXADA

caído na avenida:
três seguranças de terno escuro
cercam o carroceiro

por celular chamam rápido
o camburão, a ambulância
o caminhão de lixo

doe sangue, doe órgãos
mantenha a cidade limpa
sussurram os outdoors

o tempo de observar
o homem se erguer
e cair novamente
a cabeça no meio-fio
amparada pelo sapato
do vigilante que a levanta

PUDIM

come pudim no meio da rua
sacola nos braços
prato nas mãos

a calda a escorrer
contra o congestionamento
a dentadura no leite
depois da sopa

come com avidez
alheia e diabética
antes da amputação

no meio da rua
come o pudim
sob a luz condensada

a memória em banho-maria
e um perfume de baunilha
que o trânsito, a penúria
as dívidas e a idade
não conseguem corromper

ALAVANCA

sob o viaduto
bolsa aberta
saia furada
e as sandálias
que arrasta à procura
de um ponto de apoio

mãos estendidas em busca
de algo para se escorar
solidez que a alavanque
acima dos anos e da vertigem

hipótese de balão
neste arremedo de manhã
sem galos

DOMINGO

tenho uma bicicleta e dois vestidos

a cada cinco domingos
ganho um dia livre
saio pra dançar

hoje não
meu sorriso tá pequeno
molhei o sapato

às vezes pego filho
me dou mal fico má
caio no mundo

casei separei
casei de novo
não deu certo

cansei
já não quero compromisso
somente mais um vestido
e uma taça de vinho
para o próximo domingo

EM UM GRÃO DE ARROZ

escrevo teu nome e o soletro
numa frequência tão alta
que só as feras distinguem

te beijo no céu da boca
te abraço em rubros cassinos
aposto todas as fichas
batendo cílios postiços

visito o circo de pulgas
e com lasquinhas de unha
marco o caminho de volta
pro lado de cá da cortina
antes que a roleta pare

DERIVA

os movimentos noturnos
de um amante gordo
provocam sismos na cama

a espuma perde espessura
as molas se humilham
lençóis e mantas se rasgam
travesseiros murcham

caso o deseje de fato
se agarre com força ao estrado
até que as partes do colosso
se acomodem novamente
no berço já destroçado

SIMPATIA

se antes de se deitar
debaixo do travesseiro
você esconde uma rosa
seu sonho se realiza

o pesadelo também
mas a rosa logo murcha
e na fronha o fio de baba
escurece totalmente

o pesadelo também
mas nos espinhos do caule
(a rosa é vermelha)
você espeta algum dedo
e perde a ereção de vez

o pesadelo também
mas seu reflexo se alonga
no lago supergelado
onde batizam as crianças

melhor dormir sobre a pedra
sem rosa nem pesadelo
com uma placa entre os dentes
proteção contra bruxismo

DELÉVEL

com odor penetrante
a pocinha de sêmen
tonteia o mosquito

rapidamente
a gosma empapa o lençol
vai nutrir os ácaros em cópula
oxidar as molas do colchão
manchar o pinho da cama
onde o moço se deitou

é bem frio o sêmen
como deve ser
o leite dos vampiros
os lábios do moço

a pocinha de sêmen
nada adoece
nada fecunda
deixa contudo uma nódoa
leve
delével

BICHANO

para sílvio ferraz

morreu no mesmo ano
em que perdi minha avó
mas senti mais falta dele

talvez porque
morando comigo
sua partida levasse
parte da casa

certa distribuição de luz
alguns ritmos, ruídos
a dinâmica dos vultos
e dos espaços
que sua ausência enfatiza

às vezes, abro um armário
afasto uma cortina e o vejo

oitava vida
rabo de fora
da treva

A MARCHA DO PROGRESSO

debaixo da ducha ele esfrega
com água quente a velha prótese
cuja troca em vão posterga

verifica a linha de encaixe
a eventual folga entre as peças
observa as áreas de desgaste
retira os resíduos menores
lembra do homem de seis milhões de dólares
e engolindo um tanto de água
estampa o riso de mofa
nos lábios que ainda são seus

RALO

puxou a descarga do espelho
e viu descer
com a água da imagem
restos de tinta
o pó das feições

os olhos misturam-se à boca
que se alonga delicadamente
enquanto o nariz segue
na cola das sobrancelhas
em veloz rodamoinho
pela orla do ralo

CATRACA

pra mendigar tem que ser humilde
aqui ninguém é trouxa
se não tinha dinheiro
perguntasse antes

não paga mas também não desce
nem que ninguém mais suba
agora é só se eu quiser

da próxima você me pega?
olha bem na minha cara:
passo aqui todos os dias

ATENÇÃO, DEGRAU

brusca freada:
planos que se erguem
comprimindo as partes altas
e solavancos brancos
quando papéis se espalham

o cabelo tudo espana
e logo engancha nas reentrâncias
troca rápida de mãos na balaustrada
e o sanduíche de pés
queixos nos cotovelos
até que o chão me beije a boca
e a língua se desmanche em fogo brando

CHUVA

chove no meu olho
uma chuva ardida

vergonha nenhuma
todo mundo tem problema

subir custa, cair
é dois segundos
tudo por causa dela
mãe de quatro
(tudo de pai diferente
só pra ganhar mais pensão)

quinze dias não vou em casa
não queria estar aqui
melhor debaixo da terra

peço força a deus
coragem, capacidade
eu era tão sucedido

agora chove no meu olho
no ônibus, dentro do prédio
não queria estar aqui

PENSÃO

botei a fita de sacanagem
pra ver se me distraía
ele bulindo com a faca
do outro lado da cama

cortou a camisa, o braço
e já ia enfiar no peito
quando tomei a peixeira

tô que não posso mais
toda semana no PS
garrado em mim ele chora
com medo de morrer

depois vira fera:
rasgou até na minha cara
a certidão de casamento
pra eu não receber pensão

tenho que arrumar um jeito
de mandar ele pro Norte:
o desgraçado morrendo aqui
vão dizer que não cuidei

ORGULHO

ela sofre por orgulho
não sabe pedir
quer que os outros adivinhem

carrega o filho pra tudo que é canto
ele é pesado
não faz nada sozinho

na virilha dele outro dia
cresceu um bolo de carne
a cueca encheu de sangue

o céu não cai do céu
tem gente que não se toca

por isso eu peço sempre
pedir não é vergonha
não diminui ninguém

GOVERNO

no sanatório pergunta
(o riso pegado à boca):
gostou da casa nova?
casão, né?

dias antes
com expressão beatífica
ela havia se jogado
contra um carro em movimento

acordou de madrugada
e rasgou a roupa
que alegava não ter vestido

durante a visita a patroa se culpa
por dispensar seus serviços
deprimida ela também
onde arrumaria forças
pra vigiar o faqueiro?

dispensar é triste
mas quando a ideia se estraga
o corpo perde o governo

RINGUE

cama de gato
em que deuses esticam
as cordas do nocaute

morse de socos
quando o chão te beija
sem protetor bucal

um, dois, três
close no riso do oponente
dilatado por apostas

na primeira fila
a jovem pousa a mão sobre o ventre
onde o feto chuta
como a alma soca

seis, sete, oito
abraçado pelo chão
tépida placenta

convulsão, confusão
o abraço da lona

a mão sobre o ventre
esperando enquanto o médico
nove, dez
veste as luvas do boxeur

GAME OVER

devolveu a frase
como quem rebatesse
uma bola de tênis

sangue nos olhos
rebateu na altura exata
rente à rede
no ângulo mais propício
ao descontrole do oponente
palavra contra palavra
dois fôlegos à frente

rebateu sem se dar conta
do quanto ruía à volta
pouco antes do desfecho
antes da câimbra
da boca seca
do rosto colado ao solo
sob a rede
tentando aprender
que só vence quem viola
todas as regras do jogo

SOZINHO

existem tatuadores
especializados em paraplégicos
quando não se sente dor
desenhar é bem mais fácil
maior a margem de improviso

há também os que preferem
criar sobre cicatrizes

injeto sangue na cena artística
minha própria pele
cobri quase totalmente

quando eu morrer
quero que me empalhem

vermes fazem land art
eu trabalho sozinho

MASTER CHEF

> *hipocondria absoluta:*
> *a hipocondria tem de tornar-se uma arte*
> *ou uma pedagogia*
>
> novalis

eu achava sangue
uma coisa fascinante

estava marcada
minha última operação
para a troca do quadril

queria levá-lo pra casa
em vez de abastecer
o banco de ossos do hospital

torrei o saco do cirurgião
ameacei mudar de médico
quem não chora não mama

quando acordei
a primeira coisa que vi
foi minha bisteca
e um bilhete de boa sorte

a carne soltou na fervura
provei um pedaço

joguei sal, alho, pimenta
abri uma taça de vinho
mandei ver

antropófago, não
só mastigo o que é meu
me considero mais
um gourmet da dor

AMBULATÓRIO

a floresta é seu vestido
e pelo túnel do decote
chegam vagões carregados
de éter, soro e socorro

campainhas solfejam
a prescrição noturna

aparados em forma de coração
os pelos sob a fralda
foram pintados de ruivo

feridas vão brotar
instantaneamente
por favor, não me toque

mariposas rápidas
fecham-lhe a glote

PLENITUDE

livre dos hormônios
não sinto mais tesão
estou achando ótimo

tive oito casamentos
o mais curto durou um mês
acabou numa madrugada
em que o encontrei na sala
vestido de mulher-gato
com uma faca na mão

conheci uns psicopatas lindos
viajei em muitas ondas
transava em qualquer posição

hoje a única vaidade
é pintar de ruivo o triângulo
pequeno luxo a que me atrevo
enquanto as fraldas não vêm

SALÃO APOGEU

no salão apogeu
cabelos chegam ao acme
içados pelo laquê

em criptas de luz
as branquelas se bronzeiam
e litros de base líquida
reporcelanam feições

se às vezes no rosto
alguma trinca se abre
ou pela escova puxadas
duas mechas se desprendem
há sempre jeitos e truques
no salão apogeu

ÁUREA

o detector de metais que se dane
de modo algum largo essas chaves
que me protegem e orientam

já é o quinto banco
vou me atrasar no serviço
me deixa passar, me deixa

tô muito descabelada?
a gente fica nervosa
não presta atenção em nada
vai atravessar, carro atropela

pareço louca?
o importante é lustrar a áurea

o rapazinho tá ali há horas
não chamam porque é moreno
como naquela música
do geraldo azevedo

cantei bem, né?
chegou minha vez

TÁXI

com unha grossa de tanta micose
o velho me estende a pata
quando me sento a seu lado

infecto e amável
não lembra leão algum
embora eu me sinta rato
(não quero saber do espinho
cravo na carne de espasmos)

lavar, abluir
flambar se preciso for
a pele imolada ao contato

quando a corrida acabar
dispenso toque ou troco

sou cobaia imaculada
que não tira nem redime
os fungos do mundo

FERIDA

I

esta ferida é uma boca
com lábios tão convincentes
que me arrisco a ordenar:
parla!

ela só sabe latir

II

uma ferida amestrada
bicho de raça indistinta
pra gente dar de comer
pra passear de coleira
limpar as grandes sujeiras
que no caminho ela faz

minha fiel companheira
a me impedir a viagem
nas férias, fins de semana
por falta de alguém que possa
dela cuidar sem perguntas

por isso agora suplico
aos que na noite passada
levaram meu doce bicho
que por favor o devolvam
o restituam a seu dono
de seu carinho carente
feito criança com febre

VOCÊ

você não é você quando está
com fome sono sede
muitos dias sem beijar

você não é você na fila
do seguro-desemprego
no leito varado de sondas
junto ao cadáver de um cão

não é você
com trinta quilos a menos
cabelos brancos numa noite
liso manso indefeso
azul de frio e tristeza
pelo que é tarde
pra ver mudar ou nascer

você não é você
no limite do cansaço
contra o cortejo de ventos
entre tesouro e dejeto
peito fechado a latejos
onde pousei tantas vezes
minha cabeça repleta

DURANTE A FUGA

água e sequela
coalho de carne
e documentos rasgados
no moedor de mundos

na mala a boneca
perdeu cabelo durante a fuga
a menina cresceu atrás da cortina

eu escondia comprimidos no umbigo
passava merda nos olhos
petróleo no genital
até que o médico viesse

da janela do avião
a cidade se desmembra
como o corpo dos que ficam

FUSO

ri do calendário a desfolhar-se
ri dos riscos sobre o cancro

nem sequer por um segundo
a voz do cuco se embarga

no leito vizinho
o travesseiro ignora
a gravidez de granito

relógios-mundo no velho museu
divergem no talho da tarde

no país natal
a amiga faz aniversário
o poeta é desentubado
e o intestino da mãe volta a funcionar
com três dias de atraso

FÓRCEPS

bala de berro ou sapato
azul de verniz no buraco

cuspe na chuva e viatura
de polícia ou ambulância

revive o cão chamado fiapo
em coma a taxista reúne a família

a féria do aleijado
a fúria de quem o aluga

fórceps de luz
contra as têmporas

DEUS

te proteja e projete
rumo à vala
(sumo alvo)

e realize a jato
todos os teus dejetos
(mas limpe)

tire com uma mão
o que roubou com a outra
e dê o frio
conforme a aguardente

bata palmas
para te chamar
ou simplesmente

assovie

ESQUINA GRILL

para tarso de melo

uma coisa é batata:
depois de tantos pedidos
convém não exigir demais

mesmo sabendo que
num verdadeiro misto-quente
além do recheio se deve
é claro
aquecer o pão na chapa

pensando um pouco melhor
àquela altura da noite
a chapa toda encharcada
com os resíduos do dia
um pão frio porém limpo
talvez não fosse má ideia

foi o que me veio à cabeça
logo assim que percebi
o suor colando a franja
sobre a testa do garçom

NA PADARIA

esfrega o rosto
a carne do rosto
cujos ossos recuaram
e as feições escorreram
bem antes dos dentes

esfrega com força
a máscara, o nariz molenga
disfarce para ninguém
prótese sem sopro

no balcão da padaria
toma café e esfrega
o rosto como quem desperta
sem perspectiva de beijo

os presentes nem reparam
nessa pasta facial
que ele amassa, sova, estica
sem fermento que a amplie
nem forno que a endureça
depois da pancadaria

OBRANDO

para celita alves pereira dos reis

fritava sonhos na padaria
meio tonta, adormecida

sobre o fogão, vertigem:
o tacho virou de borco
o óleo esfriou no corpo

na UTI já retiram
toda a pele estragada
é funda a lesão, expôs o nervo

ninguém tem culpa
o patrão é bom
e os irmãos por ela oram

deus está obrando

TODA A PELE

no velório, o chá continuava quente

o dono da padaria, amigo da família
mascarou o sinistro
dizendo que a funcionária
se queimara em casa

a família não processa:
às custas da falecida
não quer sair da penúria

abraçou-a o fogo
como virgem no valhala
foram tirar a roupa
veio junto toda a pele

DOVER TANGARÁ

para eduardo rascov

nos castiçais da prefeitura
quatro velas 40 watts
rodeiam o caixão escuro
fechado por causa da autópsia

dois lírios enormes
compensam em perfume
seis rosas de plástico
sob a tampa, rosto cinza
boca murcha e o colarinho alto
para ocultar a traqueostomia

um mês no hospital depois da surra
que quebrou em três pontos
a coluna do volante
inventor do salto triplo
com saída de frente
que depois dele ninguém mais fez

trapezista da trupe
com nome do passarinho
que pula três vezes antes de cantar

não deram logo por sua falta
(deprimido, às vezes sumia)
antes de ir para a UTI
passou dias no corredor
e deixou de falar

sob bênçãos e aplausos
fura a rede, engole terra
derradeiro picadeiro

A ZELADORA

perdida nos pensamentos
de cólera e labirinto
fechada num breve coma
que esta manhã não desmancha

o salário hilário
a sobrinha morta
férias adiadas

se depara conhecidos
a maxila se desata
num rascunho de sorriso
mas volta logo a franzir
(de ferro é o osso que rói)

apesar de velha
vai longe a aposentadoria
por isso não ouve rádio
abusa dos analgésicos
e rosna pelas escadas
varrendo os próprios cabelos

O VIGILANTE

um cassetete mais longo
serve também de bengala
ao corpanzil inseguro

a sobrecarga dos anos
bem mais visível nos olhos
pelo ray-ban encobertos

com a força em declínio
vive de pequenos bicos
para as lojinhas do bairro

tombará à primeira rasteira
do mais frágil meliante
ao mais canhestro drible
perderá o prumo
e talvez seja chutado
perca o ray-ban, a pose, os dentes

mas por enquanto segue
com o cassetete-bengala
cioso do jeito bruto
que a essa altura da vida
imenso esforço lhe custa

MANUAL DE INSTRUÇÕES

cuidado: ágil
contém material sórdido
feche a puta ao sair
este fado para cima

a persistirem os sintomas
procure a cartomante

não ultrapasse a faixa amarela
não obstrua as esmolas
conserve a calma e agite
antes de queimar

escreva com moderação e
se estiver sodomizado
não entre no chão nem saia dele

cheques cairão sobre a sua cabeça
observe as luzes de demência
enquanto aciona as saídas sobre a asa

recolha as fezes de seu pai:
mesmo que os outros não vomitem
a rua é pública e um país se faz
com homens e tiros

TRÊS BONECAS

para veronica stigger e andré dahmer

scarlet se masturba
bebe água, menstrua
e tinge os absorventes
(vendidos separadamente)

maria da prenha
vem com motorzinho
que infla o abdome
e uma lanterna interna
cujo facho mija luz

já finadinha apodrece
sob o sol murcha aos pouquinhos
e apertada expele vermes

scarlet usa camisinha
maria da prenha
(na versão luxo
com teste de DNA)
engravida e aborta

já finadinha pode ser enterrada
na privada, no lixo, no quintal
biodegradável, contém sementes
que brotam em qualquer lugar

QUANDO A SEMENTE É VOCÊ

abraçado à mão
abraçado ao cão
abraçado ao caco de corpo
sob o cobertor de feltro

agora curvado
mais do que isso
arrasado
sobre o banco
do último vagão

os pés pelas mãos
a cabeça vazia
a cabeça entre as mãos

até que um nada
torcicolo ou cólica
comprime a vértebra fatal
enrola a língua
aperta o bulbo, desfaz o giro
e o chão se levanta
cobra seus direitos
morde-lhe os grãos

tempo de plantio
quando a semente
é você

CAROÇO

ruflou a asa profunda
tão rente à base do osso
que os nervos se arvoraram

na boca acabada
transfixou a furca
despida pela gengiva

pela ponta do cateter
inflou o balão e içou todo o velame

a sota-vento persegue
a antiga veia baleia

nos mares da carne encharcam-se os mapas
monitores cegos na queda de energia

remar, remar
com asa e tentáculo
como quem boia no lodo e rastela
pelo e ferida

sem remissão nem prêmio
sabe que o céu terminou:
no osso, um caroço
e a colheita é só isso

BONSAI

depois da sobrinha
que o cancro desterrou
agora o ex-marido

do hotel de quinta
onde ele vivia
ela quitou a conta
e o recolheu em casa
para gemer a seu lado

é por trás, na coluna
que a dor o devora

a poucas semanas da operação
interrompeu a quimio
aguarda agora o chamado
como uma planta torce
para ser regada

PREÇO

cabelos não caem depois de brancos
da caveira os dentes não despregam
flores secas não desbotam

a podridão vem da água
da turgidez de certos frutos
caves lotadas de sangue
de tudo o que freme e pinga
tenro, morno, luzidio

já a joia exige o frio
a vida alongada dos ossos
o fosco em que a cor resiste

o que me tolhe ou retalha
em nacos de eternidade
em verdade não me poupa
antes puir por inteiro

mas nalgum seco recesso
algo em mim quer se fixar
a um altíssimo preço

PRAZER

mesmo deste jeito
deitada de bruços
com a luz apagada
a salvo dos chamados
surda ao telefone
à campainha
insensível aos apelos e desvelos
dos que me cercam e alimentam
mesmo engolindo rápido
sem dentes
a refeição como quem
se livra de um compromisso
mesmo esquecendo
o nome do presidente
o dia da semana, o mês do ano
o nome do lugar
em que você trabalha
da rua onde eu moro
da moça que me ajuda
mesmo me libertando
das poucas obrigações
(esticar as pernas
escovar o cabelo

limpar a merda
que às vezes escapa
por causa do remédio novo
pra não perder a memória)
mesmo cada vez mais distante
da oportunidade
de transmitir um legado
a quem me assiste e sucede
nesta comédia cujo roteiro
é refeito a todo momento
por exigência
do desprezível público
que aplaude sem critério
e ri nos momentos mais pungentes
mesmo agora, aqui
fazendo essa pontinha
aguardando de novo
a minha deixa
mínima
antes que caia o pano
e no programa meu nome
seja corrigido
ainda assim, eu aqui
imóvel no escuro do escuro
com voz consumida
nisso tudo ainda sinto
um grande
enorme
prazer

TUDO

para bia azevedo

estou sentindo tudo
o sangue, o medo, a saudade
a cidade ao redor
os helicópteros, as britadeiras, os tiros
mil cordões, mil fios movendo
a marionete do mundo
tentáculos desta placenta
que se projetam e desprendem
esporos de última hora

estou sentindo tudo
todos os cheiros, tremores
escancarada a garganta
vagina, cu, coração
todas as válvulas abertas
contato total
com a luz de fora

tudo
os chatos da fila
o bolso cheio de doces
o trombo na artéria principal
a mulher dos seios de chumbo

o cafuné na peruca
o texto que você recita
ao pé dos meus ouvidos
na hora da despedida
véspera de outro encontro
quem sabe
em que talvez nos vejamos
sabendo quanto foi bom
desta vez, aqui, agora
todos estes anos
em que cantamos junto
desafinando em uníssono
ou compondo um novo acorde
fechado em concha
até a próxima chance

TUDO

estou sentindo tudo
o sangue, o medo, a espádua
rodopia ao redor
os helicópteros, as briradeiras, os tiros
mil cardões, mil nós movendo
a marionete do mundo
tentáculos desta plácenta
que se projetam e desprendem
esporos de última hora

estou sentindo tudo
todos os cheiros, tremores
escancarada a garganta
vagina, cu, coração
todas as válvulas abertas
contato total
com a luz de fora

tudo
os chatos da fila
o bolso cheio de doces
o trombo na artéria principal
a mulher dos seios de chumbo

NOTA SOBRE OS POEMAS

Alguns dos poemas que compõem este livro foram veiculados anteriormente, em versões preliminares, em antologias, exposições, jornais e revistas, conforme indicado a seguir. Nos casos em que o título mudou, uma barra separa o antigo do atual.

Cacto: Poesia e Crítica, nº 1, São Paulo, Cacto, agosto 2002, p. 64 ("Estilo");

É que os Hussardos chegam hoje, antologia poética organizada por Ana Rüsche, Eduardo Lacerda, Elisa Andrade Buzzo, Lilian Aquino e Stefanni Marion, São Paulo, Patuá, 2014, p. 63 ("Pés"/ "O céu que nos protege");

Germina: Revista de Literatura e Arte, março 2008, http://www.germinaliteratura.com.br/2008/fabio_weintraub.htm ("Estilo");

Mallarmargens: Revista de Poesia e Arte Contemporânea, vol. 2, nº 4, agosto 2012, http://www.mallarmargens.com/2013/08/6-poemas-de-fabio-weintraub.html ("Pudim", "A segunda vez", "Mãos", "Atenção, degrau", "Manual de instruções");

Pé na Tábua, edição 21 — exposição de cartazes poéticos ilustrados, organizada por Fábio Zimbres e Paulo Scott, Porto Alegre, Museu do Trabalho, julho/agosto 2011 ("Asas"/ "Assento", "Mãos", "Pés"/ "A segunda vez");

Poesia Sempre, ano 13, nº 21, Rio de Janeiro, Biblioteca Nacional, 2005, p. 100 ("Pés");

Revista Camoniana, 3ª série, vol. 17, Bauru, Editora da Universidade do Sagrado Coração, 2005, pp. 333-4 ("Pés");

Revista Respiro, nº 12, setembro 2003, http://www.respiro.org/Issue12/poezie_weintraub.htm ("Estilo");

Silva: Jornal Literário, nº 2, edição e produção de Ricardo Lísias, São Paulo, dezembro 2011 ("Fábula"/ "Táxi");

Telhados de Vidro, Lisboa, Averno, nº 16, abril 2012, pp. 51-6 ("Deus", "Hibisco", "Assento", "A zeladora", "Em um grão de arroz", "Preço"); nº 18, maio 2013, pp. 25-9 ("Quando a semente é você", "Na padaria", "Obrando", "Toda a pele", "Caroço"); nº 19, maio 2014, pp. 29-34 ("Hotel", "Público");

Traçados diversos: uma antologia da poesia contemporânea, organizada por Adilson Miguel, São Paulo, Scipione, 2009, pp. 102-3 ("Estilo") e p. 105 ("Pensão");

Zine Qua Non, nº 11, edição e produção de Reynaldo Damazio, São Paulo, outubro 2004 ("Esquina Grill").

AGRADECIMENTOS

Adilson Miguel, Alberto Martins, Alexandre Guarnieri, Ana Paula Pacheco, Chantal Castelli, Eduardo Sterzi, Giuseppe Zani, Lilian Aquino, Manuel de Freitas, Pádua Fernandes, Paulo Scott, Reynaldo Damazio, Ricardo Lísias, Ricardo Rizzo, Ronald Polito, Ruy Proença, Tarso de Melo, Viviana Bosi.

SOBRE O AUTOR

Fabio Weintraub nasceu em São Paulo, SP, em 1967. É autor dos livros de poemas *Sistema de erros* (Arte Pau-Brasil, 1996), *Novo endereço* (Nankin/ Funalfa, 2002) e *Baque* (Editora 34, 2007). Psicólogo e doutor em Letras pela Universidade de São Paulo, realizou pesquisa sobre representações do espaço urbano na poesia brasileira pós-1990.

Por *Novo endereço* recebeu os prêmios Cidade de Juiz de Fora, em 2001, e Casa de las Américas, em 2003, o que lhe rendeu uma segunda edição bilíngue, em espanhol e português (*Nueva dirección/ Novo endereço*, Nankin/ Funalfa/ Casa de las Américas, Havana, 2004), com tradução de Lourdes Arencibia Rodríguez. Seu livro *Baque* também foi publicado em Portugal, em 2012, pela editora Língua Morta.

Além dos livros lançados em Cuba e Portugal, teve poemas publicados no México e nos Estados Unidos. Coordenou para a Nankin Editorial a coleção de poesia brasileira "Janela do Caos" e participou por mais de uma década do grupo Cálamo, núcleo de pesquisa e criação poética ligado à Casa Mário de Andrade.

ÍNDICE

estilo	11
de volta	13
público	14
quietinho	15
hotel	16
mãos	18
hibisco	19
assento	20
a segunda vez	21
pés	22
sessenta e seis	24
o céu que nos protege	25
treme ainda	26
caixa-preta	27
emergências	28
alternadamente	29
embaixada	30
pudim	31
alavanca	32
domingo	33
em um grão de arroz	34
deriva	35
simpatia	36
delével	38
bichano	39
a marcha do progresso	40
ralo	41
catraca	42
atenção, degrau	43
chuva	44
pensão	45

orgulho 46
governo 47
ringue 48
game over 50
sozinho 51
master chef 52
ambulatório 54
plenitude 55
salão apogeu 56
áurea 57
táxi 58
ferida 59
você 61
durante a fuga 62
fuso 63
fórceps 64
deus 65
esquina grill 66
na padaria 67
obrando 68
toda a pele 69
dover tangará 70
a zeladora 72
o vigilante 73
manual de instruções 74
três bonecas 76
quando a semente é você 78
caroço 80
bonsai 82
preço 83
prazer 84
tudo 86

Nota sobre os poemas 89
Agradecimentos 91
Sobre o autor 92

Este livro foi composto em Sabon pela Bracher & Malta, com CTP da New Print e impressão da Graphium em papel Pólen Soft 80 g/m² da Cia. Suzano de Papel e Celulose para a Editora 34, em agosto de 2015.